NEW YORK POST

Guppy
Su Doku

D1009953

NEW YORK POST

Guppy
Su Doku

150 Easy to Medium Puzzles

Compiled by sudokusolver.com

HARPER

NEW YORK • LONDON • TORONTO • SYDNEY

HARPER

New York Post © 2011 by NYP Holdings dba New York Post

NEW YORK POST GUPPY SU DOKU © 2011 by HarperCollins Publishers.
All rights reserved. Printed in the United States of America. No part of
this book may be used or reproduced in any manner whatsoever without
written permission except in the case of brief quotations embodied in
critical articles and reviews. For information, address HarperCollins
Publishers, 10 East 53rd Street, New York, NY 10022.

HarperCollins books may be purchased for educational, business, or
sales promotional use. For information please write: Special Markets
Department, HarperCollins Publishers, 10 East 53rd Street, New York,
NY 10022.

ISBN 978-0-06-206787-6

11 12 13 14 15   RRD   10 9 8 7 6 5 4 3 2 1

All puzzles supplied by Lydia Ade and Noah Hearle of sudokusolver.com

Book design by Susie Bell

Contents

Introduction

Su Doku is a highly addictive puzzle that is always solvable using logic. It has a single rule – complete each Su Doku puzzle by entering the numbers 1 to 9 once in each row, column and 3x3 block.

Many Su Doku puzzles can be solved by using just one solving technique. In the Difficult rated Su Doku puzzle in Fig. 1, there are already two 8s in the top row of blocks, so the third 8 must be placed somewhere in the top center block (highlighted). Most squares are eliminated by the 8s in the first and third rows, leaving only one possible square in which the 8 can be placed.

Fig. 1

6		8	→		9	5		4
				6	1			
9			7	←				8
5	9					4		
	6			8			9	
		4					3	6
8					2			1
			6	1				
1		6	3			2		9

You can apply the same technique to place a number in a row or column.

In this puzzle, you will need a slightly harder technique that requires pencil marks. Pencil marks are small numbers, usually written at the top of each unsolved square, listing all the possible values for that square. In the top center block, there are now few unsolved squares remaining, so mark in all the pencil marks for this block, as shown in Fig. 2. One square contains only the 2 pencil mark and can now be solved.

Fig. 2

6		8	²	²³	9	5		4
			⁸	6	1			
9		7	2345	345				8
5	9					4		
	6			8			9	
		4					3	6
8					2			1
			6	1				
1		6	3			2		9

Remember, every Su Doku puzzle has one unique solution, which can always be found by logic, not guesswork.

Puzzles

		8	1	7			2	
7			5		6			
		6			3	5		7
	7	4		5			3	9
6			8		7			1
5	1			4		7	6	
2		7	3			1		
			7		5			2
	4			9	8	3		

Guppy

6	4	2		7				
3	9							
7		8	5	2				
		1	3	9				
8		3	1		5	9		7
				4	7	1		
				3	6	7		9
							2	1
				1		5	6	3

					3			
	9	1					8	
			9	4	5		6	
3		7	5		9	4		
		2				5		
		8	3		6	1		7
	5		8	3	4			
	8					7	5	
			2					

		5			2	6		
	9		8	5			3	
2			1		9			8
4		8				5	2	
	7						1	
	1	9				3		6
8			6		5			3
	6			3	1		4	
		1	4			2		

9	1		3					8
	5	4	9			3	1	6
	8		6				4	
			7		5	4	3	1
4	3	7	1		2			
	4				1		6	
1	6	3			9	5	7	
8					3		9	4

	5			6	2			
2	6	9	7					
	4	1	5					
	3	2		7				1
4			3		6			7
9				1		6	4	
					3	9	8	
					8	7	3	6
			9	4			1	

		6		7	1			
		7	9	5				
		4	8			7	1	9
5						2	7	
9	4						5	8
	7	2						4
1	2	8			3	5		
				8	9	3		
			2	6		1		

	9	6	1	5		4		
4	5					7		
1							8	6
3				8	2			
6			4		5			3
			6	9				8
2	4							7
		8					2	1
		7		2	1	8	5	

		9	8	5		4		
			6	9	7			
5		6	2					1
6	9	1					8	
8	3						5	9
	2					1	6	4
1					2	6		8
			1	7	9			
		2		6	8	3		

7				2				5
1	6						8	9
			6	5	9			
	8		7		3		2	
2		7				9		3
	9		1		2		5	
			2	8	6			
6	1						7	2
8				1				6

	8			6			7	
5		6		3		9		4
2			4	7	5			8
9	5						2	3
			9		8			
6	4						8	9
7			3	5	4			6
4		9		8		7		2
	6			9			4	

5		1				4		7
		9	4		5	1		
4		3				9		2
	4			7			1	
3			8		2			4
	8			3			6	
6		4				8		1
		7	3		1	6		
1		8				7		3

5				1				2
6			3		7			1
4	7						9	3
	4		2		3		6	
		3				7		
	2		9		1		3	
2	1						8	4
3			1		6			7
7				9				6

Guppy

			8			7		
	8		3		2		6	
1		6		4		9		
	6		5		7		9	4
		5				8		
8	3		6		9		5	
		3		7		1		2
	9		1		3		7	
		8			6			

		1		6		2		
4			2		8			6
	2	9				4	7	
5		4	6		2	8		7
				9				
7		2	1		4	3		5
	6	3				7	8	
2			8		3			9
		8		2		5		

Guppy

5	1		9		3		7	8
7		4	8		2	6		1
	5	6	2		9	1	4	
	8	7	4		5	3	2	
1		9	6		8	5		2
8	4		5		1		6	9

4				2				5
		3	8	1				
		9	3			6	2	
						2	5	
8	9			4			1	6
	7	2						
	6	1			9	4		
			8	7	3			
7				6				1

					3		2	
5	8				6	4	1	
	4		9		1			
2	6	8				5		
				5				
		4				1	8	7
			3		8		9	
	3	9	1				5	8
	7		4					

		6	2		4	8		
2			9	7	6			3
1								9
			6	5	1			
	6						4	
			4	3	2			
6								5
3			7	6	8			2
		8	1		5	6		

Guppy

		5		1		8	3	4
		4	7					
8		6	2					
							2	3
2	3		4		5		8	9
5	7							
					2	1		8
					3	2		
4	6	2		7		3		

				3	8		2	4
		4			6	8		3
	5				2		1	
						3	4	9
6								2
4	3	7						
	4		6				7	
1		8	4			5		
9	7		8	2				

9					5	1		7
		8		1	9			
6			2				4	
5	4					2		
	9			7			3	
		6					8	4
	1				6			9
			4	2		6		
2		4	5					3

		1		7	8		9	
9	6						3	
		8			6	5		7
6		2		8				
5			6		9			8
				1		2		9
2		6	7			9		
	8						2	1
	3		8	5		6		

3	1	2						
			4		3			2
	6			2				7
	8	7			2	5		
			1	3	4			
		3	5			2	6	
5				8			3	
7			6		1			
						1	7	9

		3	9				6	
2		8	3	4				
			1				4	7
						2	8	5
	1			2			9	
7	9	2						
6	5				3			
			6	1	5			9
	2				7	1		

7								8
	1		2	4		9	6	
	9	6	3			1		
			1		9	7	3	
	4			7			5	
	7	9	5		4			
		8			6	4	2	
	5	7		1	3		9	
9								3

4				2		3		5
				4				6
5	8			3	1			
		8			5			2
3		5				9		8
7			6			4		
			2	6			3	9
8				5				
2		9		8				4

Guppy

4	9			5		6	3	7
6			9			2		1
2	3				8			
		7		2			5	
5			3		7			6
	6			9		1		
			4				1	8
7		3			9			5
8	4	6		7			2	9

		2		1		9		
	6						4	
1	3	4				2	8	7
		6	4		3	7		
4			7		2			6
		8	1		9	4		
9	2	1				6	7	3
	4						1	
		3		7		8		

6	9		2	1	7			5
		5	9					4
		2				1	9	
2			6		4		1	9
3								6
7	6		8		9			3
	2	3				9		
9					2	4		
4			7	9	1		5	2

2	5						6	
4				3			9	7
			2	6				
				9	7	3		
	7	6	2		5	9	4	
		5	1	6				
			6	7				
8	3			1				5
	1						7	8

	6		3	4	5			
5		2	9					
	8	1	7					
7	4	8						2
2								3
1						8	4	9
					8	3	5	
					2	4		7
			1	5	3		9	

	3		5		7			
				2		9		8
	4	7				5		
4			6		3			2
	1			7			5	
8			9		1			3
		9				1	6	
1		3		4				
			8		6		9	

Guppy

	6	3	9		4			1
9			5		7	3		
2			3				5	
7	3	6					9	4
8	9					1	3	7
	5				1			9
		9	8		2			3
1			6		9	7	2	

	3	8					9	
6			9					3
			5	3	4			2
		7	2		3	1	5	
		3		9		7		
	2	9	6		1	3		
2			3	5	8			
9					2			5
	1					2	7	

1		5	8	4			2	7
4								1
	7		2					8
		6			2			
			7	3	8			
			9			1		
6					5		1	
7								2
2	4			7	1	8		3

4					8	6		
		1	9		6	7		
	6	2	4				9	8
	2	4	3				6	1
6	7				4	9	3	
8	1				7	3	4	
		6	5		1	2		
		7	8					9

			7	4		8		
				5		4	6	
4		6					7	3
	7				5			
		1	2	6	9	5		
			3				9	
9	8					3		6
	6	5		3				
		3		2	7			

			4					
	8	6		9	1	3	7	
	9				6		5	
	7	3		5				8
	2		9		8		3	
5				3		9	2	
	3		2				9	
	1	4	3	7		8	6	
					5			

5				3			6	
		3	1		6	9		
		2	9		5	8		
9							7	
8		7	5	2			9	
3							2	
		6	5		3	7		
		5	2		1	4		
	2			6			1	

	1			4	3	5	9	
			2	9			4	
	5							7
3	9							2
5				1				6
8							7	9
6							1	
	2			3	9			
	8	5	1	7			6	

Guppy

7	9	6			4			1
		8	6		9			3
					2		4	6
5	8	4					9	
				8				
	1					4	6	8
6	4		7					
2			5		1	6		
8			2			5	3	4

		3	6			8		
		6		2	9			
8							4	1
	3		5		6			9
	1			3			2	
6			9		2		1	
3	9							7
			4	7		9		
		7			3	2		

1	8		3			6		4
		3	5					9
7					4		1	
		7	2		5		6	1
				4				
5	2		1		9	3		
	1		4					5
2					3	1		
3		6			7		2	8

	3		6		9	7		
	1						4	3
5		7	2			1		
7				8		4		9
			7		3			
3		1		9				5
		5			8	6		1
1	7						8	
		8	5		1		2	

	9			1	8	6		
	4						9	5
6				3	9			
8		2		7				
3		9	1		5	8		7
				8		1		6
			2	9				8
2	8						1	
		1	8	6			4	

	4	6	5		8	9		
					1	2		6
7	5				9			8
5	8	2						9
4						3	1	2
3			8				9	4
6		4	9					
		5	3		4	1	2	

			3					
	1		6	9		3	5	
9			4			8		
		8				2	6	3
		2				9		
4	5	9				7		
		4			3			9
	3	5		2	9		8	
					8			

	2	8		6				
	3		1	7	5		9	2
								7
	5		9		7		4	
3	7			4			1	6
	4		5		6		2	
1								
2	8		7	9	3		6	
				8		9	7	

1				8		6		7
2			1				3	
				6	3		2	
	1	3			5			
	2			3			9	
			6			7	8	
	6		4	2				
	4				1			5
3		8		5				2

3	5							
8	9					2	1	
1			4	3				
5					3		8	
		1	7		5	3		
	4		1					9
				8	9			4
	6	9					3	5
							7	1

3	9		8					7
6	8				7			
			9	1				
9		6		7	4		8	
		8	6		2	7		
	2		3	9		1		4
				4	6			
			7				4	5
4					9		7	3

1		6		7			8	4
2					6	9		
	8	5			9			
	3			8				2
5				3			1	
			4			6	9	
		3	7					8
7	2			9		1		5

	5			7	2	1		
	1					7	4	6
6	3				8			
1		9						
8				3				4
						9		2
			1				6	8
3	8	6					2	
		1	2	8			9	

			5	9		1	3	
8		1	2					
7		3			1	8	5	
		6					4	8
9								5
1	4					7		
	7	9	3			5		1
					5	3		4
	3	4		1	6			

8				9				2
	6						3	
		5	7		4	8		
		3	1	5	6	2		
		9				4		
		8	4	3	9	1		
		6	8		2	7		
	9						1	
1				6				5

		5					4	
2	6	1				9	7	
	4			6	7		1	8
		2		5				
		6	2	3	8	5		
				9		3		
5	7		6	1			3	
	3	8				1	2	9
	2					7		

7								6
		6		8	2	5	9	
	2	5	6				4	
		4		6			7	
	5		4		9		6	
	3			7		9		
	6				4	7	1	
	1	2	9	5		6		
3								2

3		7	4		2			8
	2	6					1	
			6		1		2	3
4		9				1		6
				5				
2		1				3		9
1	9		7		4			
	6					2	7	
7			2		3	6		1

Guppy

	8				7			
	7	1		4			8	5
		5				4		3
	3			1	6			8
			5		4			
9			8	3			5	
8		9				3		
2	1			9		8	6	
			2				1	

	6	7	9					
		8		4		9		7
	9		6				5	8
			8		3	6		5
	8						7	
7		9	2		6			
8	1				4		3	
9		4		5		7		
					9	8	1	

	7		5	8				
	2				6		5	7
		5		9		8		
	6		9		2			3
2		8				7		1
5			8		3		2	
		2		6		3		
6	8		3				1	
				2	5		7	

	8	6		1			2	9
								8
		7	4		8			6
		1	7				4	
	2						9	
	9				5	7		
4			9		2	3		
1								
3	7			4		8	6	

					2		5	
9						1		
	6	4	1	9	7	3		
7		8		6		5		
		3	8	2	9	4		
		6		7		8		1
		7	9	8	5	2	4	
		5						7
	8		7					

4		6			7	3		
					2			4	8
3				4	5	9		
				5		4		9
9								1
5		3		8				
		5	1	9				2
6	9		5					
		1	2			5		4

Guppy

		6						1
	3	9	4	1				
5	8			2	3			
	9				7	1		
	4	8		5		6	3	
		5	3				9	
			1	6			7	4
				7	2	5	8	
8						9		

8	3		4	5		2		7
					2		6	8
4			1					
2								6
	4		8		9		3	
1								4
					4			5
3	5		7					
7		4		2	5		9	3

Guppy

		6		3	5	4		
		8		1		7	3	
7	3						6	9
			4					1
3	5			2			4	8
9					1			
8	1						9	6
	7	3		9		8		
		9	3	4		5		

3						5	4	
		6	3	5			7	9
			8					3
	3	7	9			8		
8								7
		4			1	2	3	
5					7			
4	1			9	8	7		
	9	2						4

3	1	7	2					
6					5	7		
			1		6	4		
						1		5
9								2
8		6						
		5	3		4			
		8	6					3
					1	2	5	8

7			3	6				
6	4	3			8	2		
1					9			
	9	5	4					
	8						5	
					7	3	8	
			8					1
		1	7			4	6	2
				2	3			5

	9	5		6	1			
7				3		4		
	3		8					
5		7			4			2
	4		2		3		6	
2			1			9		8
					8		9	
		9		5				6
			9	4		5	2	

5	7			6			4	1
	6						5	
		3	8		2	9		
7			6		5			8
8			1	7	3			4
2			4		8			5
		7	9		6	5		
	8						7	
3	9			4			8	6

2				3		6		
	8	7				4		
	3				2	9	7	1
			3		4	5		
4				9				3
		3	7		5			
7	4	2	8				9	
		5				8	1	
		9		7				4

			5	1		3	4	
						6		
				9	7	5	1	
5			8			1		6
6			2		5			4
8		7			1			3
	7	3	6	5				
		6						
	5	2		3	9			

Guppy

		9				1		
5		8				7		3
	1		3		5		9	
3				1				5
2			7		9			8
8				5				6
	4		2		1		8	
9		2				6		1
		6				3		

7	9		5		4		1	3
			3		6			
5			7	1	9			8
9								4
	8	4				2	5	
2								6
1			6	9	8			5
			1		3			
3	6		4		2		9	7

Guppy

4	1						6	8
		3	8		6	5		
				9				
7	4						2	5
			2		9			
9	8						1	3
				8				
		8	7		4	6		
3	2						4	1

	6							
5	3				1	4		
				8	3	9	2	
				4		2	3	
		4	3		5	8		
	1	8		9				
	5	7	6	2				
		3	7				8	2
							4	

Guppy

				7	1			
	9				5	1	3	
		1			9	6	8	
						8	7	4
4								6
6	2	9						
	8	4	2			9		
	6	3	8				2	
			1	9				

3						7		
	8		7				2	
				3	9	4		5
	3			7		6		
		8	5	4	2	3		
		4		8			9	
9		6	4	5				
	2				7		4	
		7						6

4				9			2	3
		5	6					
		1	7	2			4	6
					3		1	
			5		9			
	9		1					
8	6			5	7	3		
					6	7		
3	2			1				5

					5	6	8	
	9				6	2		
4		6					3	9
3		9						
		7	6		2	9		
						3		5
2	5					1		8
		8	2				6	
	1	4	8					

	2		5		9			7
				1		8		6
					6			1
						3	5	
8		9				6		2
	7	3						
3			8					
2		5		3				
1			9		7		8	

3	1	8		4		6	9	7
			9		7			
				3				
8		3				7		6
5								4
4		7				8		5
				7				
			3		1			
1	7	5		8		3	4	9

4					3			5
7	9			2			6	
		1	9					
2		8		4				
5			1		8			7
				7		5		9
					4	9		
	1			5			7	4
8			7					3

		3					1	
4		9		5	1			
					2		9	3
	2	4	5		7			
	7			2			3	
			1		8	4	7	
3	4		7					
			4	8		3		1
	5					6		

	3							9
1		8						
	6		3	8	1	5		
		9		1	4	8		
		6	7		5	4		
		4	2	9		3		
		1	9	6	7		5	
						7		4
2							6	

	7		1		6			4
4				3		6		
		6	2					
7	4	9					1	
	6						3	
	5					4	2	8
					8	1		
		4		7				9
2			4		1		5	

4					7	5		3
3				6				
	1	8		2				
		9						5
5	4	7				3	2	9
2						1		
				4		6	5	
				1				2
6		2	5					7

4		6				3		5
	9	3		6		2	7	
	2			7			6	
		2	4		3	8		
				2				
		9	6		7	1		
	4			3			8	
	6	7		4		9	1	
2		1				5		7

7			4		9		2	
					7	6		
				2		3		8
						8	5	
8			7		5			4
	1	6						
1		5		6				
		4	8					
	7		5		4			3

	1	9	5		4			
		4						7
					7		2	4
9		5		3				8
			8		2			
4				9		3		6
1	6		2					
5						6		
			3		6	9	8	

7								3
	6	2		1		5	4	
			4		7			
2		3	5		4	8		1
				7				
1		4	3		6	2		9
			2		1			
	8	7		5		1	2	
5								6

					4	5	8	
7		3						6
4		8		2				
					6	3	2	
8			9	4	3			1
	3	7	2					
				3		4		7
2						6		8
	1	6	4					

	6		3				5	
5		9	1					2
		3	4					6
4	7				2		9	
	2		6				7	4
8					4	7		
2					1	3		8
	5				6		4	

9		8			5	6		2
7			4	6	8			9
5		7	9		4	3		
		9		7		2		
		3	8		1	7		4
6			3	8	2			5
3		2	5			9		6

		1		4	2			8
4			8			6		
					9	2		3
1				6			8	
	3	9				5	6	
	6			5				4
2		6	4					
		4			8			6
9			1	3		4		

2					4		1	
8						9		5
	3		7					
	9			6			4	
7		3				2		6
	5			2			7	
					9		8	
5		9						4
	1		8					3

	8						1	
9				8		4		3
	3	4	9		7	8		
		9	4		1	5		
	5						8	
		7	2		8	9		
		2	1		3	7	9	
6		3		7				5
	7						3	

6			8		2			4
		2	7		3	6		
8								2
	3		1		7		2	
2								9
	8		5		6		1	
7								8
		6	2		4	5		
4			3		9			1

						3		
			4	2		7	6	9
				9	1	2		
1		4			9	6		
3								2
		5	6			9		1
		8	1	6				
4	1	2		3	8			
		6						

2			7	1				
		7				5		
4	1		8					9
		2		7			3	
		8	3		2	1		
	9			5		4		
3					6		4	2
		6				8		
				3	7			5

6					8			
		1		7				
	8	3	9	1	6			
		4	3			9		1
	1	5				2	8	
2		7			9	6		
			8	3	4	7	5	
				5		3		
			7					2

2		3			5			7
	4				9		5	
				7				8
7	8			3				
		1	7		2	5		
				9			6	2
1				8				
	7		2				9	
9			6			3		1

3							5	6
				9	6	2		3
					3	8	9	
			1		9	6	8	
	9						7	
	5	4	6		8			
	3	2	4					
5		7	8	3				
4	1							5

Su Doku

	1				3			2
		6			4			
	3	5	2			9	6	1
		7	3				9	
3								6
	5				9	7		
9	6	3			1	5	4	
			5			1		
5			9				3	

	3	5		1		7	2	
9								3
			6	3	9			
	9		3	4	6		7	
		3				5		
	7		1	5	2		9	
			4	6	5			
2								1
	5	6		7		9	3	

5	3				4			6
			7	1				4
		1	2			8		
1						3	9	
	6						7	
	2	5						8
		8			1	5		
7				6	2			
3			8				1	2

Guppy

1				9				4
	9	7			6			5	1
		4	7		1	9		
			1		8			
3	5			7			2	8
			2		5			
		2	6		7	5		
7	8			2			1	3
5				8				2

	8					2		
	2		8			4	3	7
5	9		3		2			
		5		3		6	7	
			1		5			
	1	9		4		5		
			5		3		1	2
3	5	1			7		4	
		2					6	

	3	9	1		4	8	2	
		1	6		5	4		
8		5				1		7
				3				
		2	4		7	3		
				9				
9		4				2		3
		7	2		1	6		
	1	6	9		3	5	7	

			3		4	6		
	2			5			7	
8				1	2			
7		9	8		6			5
	5	4				2	9	
1			9		5	3		7
			5	3				9
	7			6			1	
		5	4		1			

1				6				4
		3						8
			8	7			6	1
			9			3		2
	7						9	
5		9			8			
8	4			5	7			
6						5		
9				2				7

	2		6	9	5			
			2	1				8
		5		7		2		
1							2	6
8	5	2				1	9	7
7	6							5
		6		4		3		
2				5	3			
			7	6	1		4	

	9	3	1					
1				3	5	9		
5		6					4	
9			2				3	
	7			9			8	
	1				7			2
	4					2		3
		1	3	2				8
					1	6	5	

Su Doku

6				7	9	2		
	5			8		9	6	
	2	8			3			
5	3							
		2	9		4	6		
							9	7
			8			1	2	
	6	3		4			7	
		5	1	9				6

Guppy

9	8							1
5	6				2		4	
	4	7			3			
6							5	7
			1		8			
3	1							9
			6			8	3	
	2		7				9	4
4							1	5

				7		9		8
				5	9		3	
9						2		4
	1	5		3	6		7	
7								1
	3		1	9		4	6	
6		7						2
	9		7	1				
3		1		2				

8	3			4	5		6	
	1				2			
				3		1		9
						9		
6	5	2				3	1	8
		1						
4		5		1				
			2				8	
	8		3	6			9	5

Su Doku

1		2		6	4		8	
	6	4	9					
						4	6	
6					1	3	4	
4			6		8			1
	1	3	5					6
	2	9						
					6	7	3	
	7		3	2		1		4

Guppy

4	2				6			
1		8		2				
	7		3	1	5			
9	3						7	4
			2		4			
2	8						6	1
			6	5	2		1	
				4		5		6
			1				2	3

9	1			5		8		
	6				7			
3			4	8				
	9				1	6	8	
			7	9	3			
	2	1	5				3	
				7	5			9
			3				4	
		8		2			5	6

Guppy

2		4			6	7		
		8						
3				7	8		5	1
4		2		3	1		6	
	3		6	2		8		4
6	5		8	4				7
						3		
		9	3			2		5

						2		5
	7	2		9				
			2	4		9		
9	5		3	2		8		
		3				1		
		1		7	8		5	4
		8		6	2			
				1		4	2	
6		5						

1				7			2	5
			3	9		7		
	4							
7	9					8		
6			5		9			7
		3					1	2
							6	
		1		5	3			
3	5			2				1

	8	2	4	9			3	6
9							8	2
3				1				
6					9			
7		9				8		5
			3					1
				4				7
5	6							8
4	7			5	1	2	9	

8	7		2				3	9
9		5		6				7
					8		1	
		6						1
	1			5			6	
7						5		
	9		4					
1				9		3		2
2	3				6		8	4

3					2			1
		4		6		7		
	1			7	4		6	
1		7						
	4	3				6	5	
						2		8
	3		8	1			2	
		1		9		4		
2			4					5

	4		8	7				
		8	5	6		9		7
	1						6	
				1			3	9
4	6		7		8		1	2
5	9			2				
	5						2	
2		4		5	6	3		
				8	7		9	

8						5	4	
5			7		8	9		
	9	2	5		6			
2	5							
	7	6				2	1	
							7	3
			4		7	3	2	
		3	6		2			1
	2	7						9

	3		5	1	2		8	
5	1		3				9	2
6			9		8		2	4
8								9
1	9		2		7			8
3	2				9		4	7
	6		8	7	5		1	

Su Doku

5								9
	8	9	3		6	7	5	
			4		5			
		2		3		5		
	9		5		4		3	
		1		6		9		
			1		2			
	7	3	9		8	2	6	
8								5

9					2	4	7	
			8	7				
4					9	1		3
3	2							
		1		6		5		
							6	7
2		7	5					1
				1	7			
	6	8	9					2

	1	9			2	7	5	
6	4		9					2
5					4			1
	9				1	2		6
2		1	6				4	
1			3					9
7					8		1	3
	3	2	1			4	8	

5	6				9		7	4
9		8						6
		1	3			9	8	
6				5		2		
			6		3			
		5		2				9
	4	7			5	8		
8						5		1
1	5		8				6	2

				5	3			
	7				4	5	9	
	3		9					
6	5		7		2	4		
7								5
		9	8		5		7	1
					7		1	
	9	8	1				4	
			3	8				

Guppy

3		2		8		4	5	
9			2	3		8		
7								
					5	6		
	9		4	6	3		2	
		1	8					
								4
		4		1	7			3
	6	7		4		2		9

5			3			4		2
	3					5	6	
4	2		5		6			
		7	6		8	3		5
				1				
6		3	2		5	1		
			8		1		9	6
	9	6					5	
8		5			2			3

8					2	7		
		1						
	3	7		8				9
1				6	5			2
4		8				3		7
5			3	7				4
2				3		4	8	
						2		
		4	5					3

Su Doku

6			5					7
	1	3	2	7	4		8	
				1			5	
	7						4	5
	5	6				8	9	
4	9						6	
	4			6				
	6		7	9	8	4	2	
7					2			8

Guppy

	5		3			2		
						7		8
2	9		7	8				
			2		1	5		3
		5				1		
9		3	8		7			
				6	3		7	5
5		8						
		9			8		6	

2	9					7	6	
6		1						9
	8	5	7					4
		2	8	9				
			4		6			
				7	3	1		
1					4	5	8	
4						6		1
	3	6					4	2

Guppy

				8	6			
						7	9	1
9		2		3				5
					7	3		8
		3		4		9		
7		8	1					
8				1		6		2
2	5	9						
			8	2				

7	4	9	2					5
		3			1	4		2
	2						6	8
	1		3		5			7
2			9		8		3	
4	6						5	
9		7	8			1		
1					4	2	7	6

9		2				5		8
5			9	4	2			1
4	3			5			9	2
			4		1			
6	1			3			4	7
1			8	7	3			6
2		3				7		4

6				2	4		3	
	5	3					6	1
	1							
			6	5				4
2			7		3			6
5				4	1			
							1	
8	4					7	9	
	9		5	1				8

3			7	8	4			1
	7	4	1		2	8	3	
	6	8				1	2	
		1				5		
	5	7				9	6	
	9	2	8		5	3	1	
5			4	1	7			6

			7	8	6			4
		2					3	
	7				2	6		
9					3	4		7
6								2
3		1	6					5
		9	1				4	
	5					9		
8			5	4	9			

	8			6	2			
5	9							6
		3			9	2		
	3	4					6	2
			5		3			
1	5					8	4	
		1	3			6		
8							5	7
			6	7			8	

Solutions

1

4	5	8	1	7	9	6	2	3
7	3	1	5	2	6	9	8	4
9	2	6	4	8	3	5	1	7
8	7	4	6	5	1	2	3	9
6	9	2	8	3	7	4	5	1
5	1	3	9	4	2	7	6	8
2	8	7	3	6	4	1	9	5
3	6	9	7	1	5	8	4	2
1	4	5	2	9	8	3	7	6

2

6	4	2	9	7	3	8	1	5
3	9	5	6	8	1	2	7	4
7	1	8	5	2	4	3	9	6
4	7	1	3	9	2	6	5	8
8	2	3	1	6	5	9	4	7
5	6	9	8	4	7	1	3	2
1	5	4	2	3	6	7	8	9
9	3	6	7	5	8	4	2	1
2	8	7	4	1	9	5	6	3

Solutions

3

6	2	5	1	8	3	9	7	4
4	9	1	7	6	2	3	8	5
8	7	3	9	4	5	2	6	1
3	6	7	5	1	9	4	2	8
9	1	2	4	7	8	5	3	6
5	4	8	3	2	6	1	9	7
7	5	9	8	3	4	6	1	2
2	8	4	6	9	1	7	5	3
1	3	6	2	5	7	8	4	9

4

7	8	5	3	4	2	6	9	1
1	9	6	8	5	7	4	3	2
2	4	3	1	6	9	7	5	8
4	3	8	9	1	6	5	2	7
6	7	2	5	8	3	9	1	4
5	1	9	7	2	4	3	8	6
8	2	4	6	9	5	1	7	3
9	6	7	2	3	1	8	4	5
3	5	1	4	7	8	2	6	9

5

9	1	6	3	5	4	7	2	8
7	5	4	9	2	8	3	1	6
3	8	2	6	1	7	9	4	5
6	2	8	7	9	5	4	3	1
5	9	1	4	3	6	2	8	7
4	3	7	1	8	2	6	5	9
2	4	9	5	7	1	8	6	3
1	6	3	8	4	9	5	7	2
8	7	5	2	6	3	1	9	4

6

8	5	3	4	6	2	1	7	9
2	6	9	7	3	1	4	5	8
7	4	1	5	8	9	3	6	2
6	3	2	8	7	4	5	9	1
4	1	5	3	9	6	8	2	7
9	7	8	2	1	5	6	4	3
1	2	7	6	5	3	9	8	4
5	9	4	1	2	8	7	3	6
3	8	6	9	4	7	2	1	5

7

3	9	6	4	7	1	8	2	5
8	1	7	9	5	2	4	6	3
2	5	4	8	3	6	7	1	9
5	8	3	6	9	4	2	7	1
9	4	1	3	2	7	6	5	8
6	7	2	5	1	8	9	3	4
1	2	8	7	4	3	5	9	6
7	6	5	1	8	9	3	4	2
4	3	9	2	6	5	1	8	7

8

8	9	6	1	5	7	4	3	2
4	5	2	8	3	6	7	1	9
1	7	3	2	4	9	5	8	6
3	1	4	7	8	2	9	6	5
6	8	9	4	1	5	2	7	3
7	2	5	6	9	3	1	4	8
2	4	1	5	6	8	3	9	7
5	3	8	9	7	4	6	2	1
9	6	7	3	2	1	8	5	4

Su Doku

2	7	**9**	**8**	**5**	1	**4**	3	6
4	1	3	**6**	**9**	**7**	8	2	5
5	8	**6**	**2**	3	4	9	7	**1**
6	**9**	**1**	4	2	5	7	**8**	3
8	**3**	4	7	1	6	2	**5**	**9**
7	**2**	5	9	8	3	**1**	**6**	**4**
1	5	7	3	4	**2**	**6**	9	**8**
3	6	8	**1**	**7**	**9**	5	4	2
9	4	**2**	5	**6**	**8**	**3**	1	7

7	3	9	8	**2**	1	4	6	**5**
1	**6**	5	3	7	4	2	**8**	**9**
4	2	8	**6**	**5**	**9**	1	3	7
5	**8**	1	**7**	9	**3**	6	**2**	4
2	4	**7**	5	6	8	**9**	1	**3**
3	**9**	6	**1**	4	**2**	7	**5**	8
9	7	3	**2**	**8**	**6**	5	4	1
6	**1**	4	9	3	5	8	**7**	**2**
8	5	2	4	**1**	7	3	9	**6**

Solutions

11

3	8	4	1	6	9	2	7	5
5	7	6	8	3	2	9	1	4
2	9	1	4	7	5	6	3	8
9	5	8	7	1	6	4	2	3
1	2	3	9	4	8	5	6	7
6	4	7	5	2	3	1	8	9
7	1	2	3	5	4	8	9	6
4	3	9	6	8	1	7	5	2
8	6	5	2	9	7	3	4	1

12

5	2	1	9	6	3	4	8	7
8	7	9	4	2	5	1	3	6
4	6	3	7	1	8	9	5	2
9	4	2	5	7	6	3	1	8
3	1	6	8	9	2	5	7	4
7	8	5	1	3	4	2	6	9
6	3	4	2	5	7	8	9	1
2	9	7	3	8	1	6	4	5
1	5	8	6	4	9	7	2	3

Su Doku

13

5	3	8	4	1	9	6	7	2
6	9	2	3	5	7	8	4	1
4	7	1	6	2	8	5	9	3
9	4	5	2	7	3	1	6	8
1	6	3	5	8	4	7	2	9
8	2	7	9	6	1	4	3	5
2	1	6	7	3	5	9	8	4
3	8	9	1	4	6	2	5	7
7	5	4	8	9	2	3	1	6

14

3	4	9	8	6	1	7	2	5
5	8	7	3	9	2	4	6	1
1	2	6	7	4	5	9	8	3
2	6	1	5	8	7	3	9	4
9	7	5	2	3	4	8	1	6
8	3	4	6	1	9	2	5	7
6	5	3	9	7	8	1	4	2
4	9	2	1	5	3	6	7	8
7	1	8	4	2	6	5	3	9

8	7	1	4	6	9	2	5	3
4	3	5	2	7	8	9	1	6
6	2	9	3	5	1	4	7	8
5	1	4	6	3	2	8	9	7
3	8	6	5	9	7	1	2	4
7	9	2	1	8	4	3	6	5
1	6	3	9	4	5	7	8	2
2	5	7	8	1	3	6	4	9
9	4	8	7	2	6	5	3	1

6	9	8	1	7	4	2	5	3
5	1	2	9	6	3	4	7	8
7	3	4	8	5	2	6	9	1
3	5	6	2	8	9	1	4	7
4	2	1	7	3	6	9	8	5
9	8	7	4	1	5	3	2	6
1	7	9	6	4	8	5	3	2
8	4	3	5	2	1	7	6	9
2	6	5	3	9	7	8	1	4

17

4	8	7	9	2	6	1	3	5
6	2	3	8	1	5	9	7	4
5	1	9	3	7	4	6	2	8
1	4	6	7	9	8	2	5	3
8	9	5	2	4	3	7	1	6
3	7	2	6	5	1	8	4	9
2	6	1	5	3	9	4	8	7
9	5	4	1	8	7	3	6	2
7	3	8	4	6	2	5	9	1

18

7	9	1	5	4	3	8	2	6
5	8	3	2	7	6	4	1	9
6	4	2	9	8	1	3	7	5
2	6	8	7	1	9	5	4	3
3	1	7	8	5	4	9	6	2
9	5	4	6	3	2	1	8	7
1	2	5	3	6	8	7	9	4
4	3	9	1	2	7	6	5	8
8	7	6	4	9	5	2	3	1

19

9	3	6	2	1	4	8	5	7
2	8	5	9	7	6	4	1	3
1	4	7	5	8	3	2	6	9
4	7	3	6	5	1	9	2	8
5	6	2	8	9	7	3	4	1
8	1	9	4	3	2	5	7	6
6	2	1	3	4	9	7	8	5
3	5	4	7	6	8	1	9	2
7	9	8	1	2	5	6	3	4

20

7	2	5	9	1	6	8	3	4
3	9	4	7	5	8	6	1	2
8	1	6	2	3	4	9	5	7
6	4	9	1	8	7	5	2	3
2	3	1	4	6	5	7	8	9
5	7	8	3	2	9	4	6	1
9	5	3	6	4	2	1	7	8
1	8	7	5	9	3	2	4	6
4	6	2	8	7	1	3	9	5

21

7	6	1	5	3	8	9	2	4
2	9	4	7	1	6	8	5	3
8	5	3	9	4	2	6	1	7
5	8	2	1	6	7	3	4	9
6	1	9	3	5	4	7	8	2
4	3	7	2	8	9	1	6	5
3	4	5	6	9	1	2	7	8
1	2	8	4	7	3	5	9	6
9	7	6	8	2	5	4	3	1

22

9	2	3	8	4	5	1	6	7
4	7	8	6	1	9	3	5	2
6	5	1	2	3	7	9	4	8
5	4	7	3	6	8	2	9	1
8	9	2	1	7	4	5	3	6
1	3	6	9	5	2	7	8	4
3	1	5	7	8	6	4	2	9
7	8	9	4	2	3	6	1	5
2	6	4	5	9	1	8	7	3

3	5	**1**	2	**7**	8	4	**9**	6
9	**6**	7	1	4	5	8	**3**	2
4	2	**8**	3	9	**6**	**5**	1	**7**
6	9	**2**	4	**8**	7	1	5	3
5	1	3	**6**	2	**9**	7	4	**8**
8	7	4	5	**1**	3	**2**	6	**9**
2	4	**6**	**7**	3	1	**9**	8	5
7	**8**	5	9	6	4	3	**2**	**1**
1	**3**	9	**8**	**5**	2	**6**	7	4

3	**1**	**2**	7	5	6	9	8	4
8	7	9	**4**	1	**3**	6	5	**2**
4	**6**	5	8	**2**	9	3	1	**7**
1	**8**	**7**	9	6	**2**	**5**	4	3
2	5	6	**1**	**3**	**4**	7	9	8
9	4	**3**	**5**	7	8	**2**	**6**	1
5	9	1	2	**8**	7	4	**3**	6
7	3	4	**6**	9	**1**	8	2	5
6	2	8	3	4	5	**1**	**7**	**9**

Su Doku

25

1	4	**3**	**9**	7	5	8	**6**	2
2	7	**8**	**3**	**4**	6	9	5	1
5	6	9	**1**	8	2	3	**4**	7
4	3	6	7	1	9	**2**	**8**	**5**
8	**1**	5	6	**2**	4	7	**9**	3
7	**9**	**2**	5	3	8	6	1	4
6	**5**	1	2	9	**3**	4	7	8
3	8	7	4	**6**	**1**	**5**	2	**9**
9	**2**	4	8	5	**7**	**1**	3	6

26

7	2	5	6	9	1	3	4	**8**
8	**1**	3	**2**	**4**	7	**9**	**6**	5
4	**9**	**6**	**3**	8	5	**1**	7	2
5	8	2	**1**	6	9	**7**	**3**	4
3	**4**	1	8	**7**	2	6	**5**	9
6	**7**	**9**	**5**	3	**4**	2	8	1
1	3	**8**	9	5	**6**	**4**	**2**	7
2	**5**	**7**	4	**1**	**3**	8	**9**	6
9	6	4	7	2	8	5	1	**3**

27

4	7	1	8	2	6	3	9	5
9	2	3	5	4	7	1	8	6
5	8	6	9	3	1	2	4	7
6	4	8	3	9	5	7	1	2
3	1	5	4	7	2	9	6	8
7	9	2	6	1	8	4	5	3
1	5	7	2	6	4	8	3	9
8	3	4	7	5	9	6	2	1
2	6	9	1	8	3	5	7	4

28

4	9	8	1	5	2	6	3	7
6	7	5	9	4	3	2	8	1
2	3	1	7	6	8	5	9	4
1	8	7	6	2	4	9	5	3
5	2	9	3	1	7	8	4	6
3	6	4	8	9	5	1	7	2
9	5	2	4	3	6	7	1	8
7	1	3	2	8	9	4	6	5
8	4	6	5	7	1	3	2	9

7	8	2	3	1	4	9	6	5
5	6	9	8	2	7	3	4	1
1	3	4	6	9	5	2	8	7
2	1	6	4	5	3	7	9	8
4	9	5	7	8	2	1	3	6
3	7	8	1	6	9	4	5	2
9	2	1	5	4	8	6	7	3
8	4	7	2	3	6	5	1	9
6	5	3	9	7	1	8	2	4

6	9	4	2	1	7	8	3	5
1	7	5	9	8	3	6	2	4
8	3	2	5	4	6	1	9	7
2	5	8	6	3	4	7	1	9
3	4	9	1	7	5	2	8	6
7	6	1	8	2	9	5	4	3
5	2	3	4	6	8	9	7	1
9	1	7	3	5	2	4	6	8
4	8	6	7	9	1	3	5	2

Solutions

2	5	1	7	4	9	8	6	3
4	6	8	5	3	1	2	9	7
7	9	3	8	2	6	5	1	4
1	8	2	4	9	7	3	5	6
3	7	6	2	8	5	9	4	1
9	4	5	1	6	3	7	8	2
5	2	4	6	7	8	1	3	9
8	3	7	9	1	4	6	2	5
6	1	9	3	5	2	4	7	8

9	6	7	3	4	5	1	2	8
5	3	2	9	8	1	7	6	4
4	8	1	7	2	6	9	3	5
7	4	8	5	3	9	6	1	2
2	9	6	8	1	4	5	7	3
1	5	3	2	6	7	8	4	9
6	2	9	4	7	8	3	5	1
3	1	5	6	9	2	4	8	7
8	7	4	1	5	3	2	9	6

33

9	**3**	8	**5**	6	**7**	4	2	1
6	5	1	3	**2**	4	**9**	7	**8**
2	**4**	**7**	1	9	8	**5**	3	6
4	9	5	**6**	8	**3**	7	1	**2**
3	**1**	6	4	**7**	2	8	**5**	9
8	7	2	**9**	5	**1**	6	4	**3**
7	8	**9**	2	3	5	**1**	**6**	4
1	6	**3**	7	**4**	9	2	8	5
5	2	4	**8**	1	**6**	3	**9**	7

34

5	**6**	**3**	**9**	2	**4**	8	7	**1**
9	1	8	**5**	6	**7**	**3**	4	2
2	4	7	**3**	1	8	9	**5**	6
7	**3**	**6**	1	8	5	2	**9**	**4**
4	2	1	7	9	3	5	6	8
8	**9**	5	2	4	6	**1**	**3**	7
3	**5**	2	4	7	**1**	6	8	**9**
6	7	**9**	**8**	5	**2**	4	1	**3**
1	8	4	**6**	3	**9**	**7**	**2**	5

4	3	8	1	2	6	5	9	7
6	5	2	9	8	7	4	1	3
7	9	1	5	3	4	8	6	2
8	6	7	2	4	3	1	5	9
1	4	3	8	9	5	7	2	6
5	2	9	6	7	1	3	8	4
2	7	6	3	5	8	9	4	1
9	8	4	7	1	2	6	3	5
3	1	5	4	6	9	2	7	8

1	6	5	8	4	3	9	2	7
4	8	2	5	9	7	6	3	1
9	7	3	2	1	6	5	4	8
8	9	6	1	5	2	3	7	4
5	1	4	7	3	8	2	9	6
3	2	7	9	6	4	1	8	5
6	3	8	4	2	5	7	1	9
7	5	1	3	8	9	4	6	2
2	4	9	6	7	1	8	5	3

Su Doku

4	5	9	7	1	8	6	2	3
3	8	1	9	2	6	7	5	4
7	6	2	4	3	5	1	9	8
5	2	4	3	7	9	8	6	1
1	9	3	6	8	2	4	7	5
6	7	8	1	5	4	9	3	2
8	1	5	2	9	7	3	4	6
9	3	6	5	4	1	2	8	7
2	4	7	8	6	3	5	1	9

3	1	2	7	4	6	8	5	9
7	9	8	1	5	3	4	6	2
4	5	6	8	9	2	1	7	3
6	7	9	4	8	5	2	3	1
8	3	1	2	6	9	5	4	7
5	2	4	3	7	1	6	9	8
9	8	7	5	1	4	3	2	6
2	6	5	9	3	8	7	1	4
1	4	3	6	2	7	9	8	5

39

1	5	7	4	2	3	6	8	9
4	8	6	5	9	1	3	7	2
3	9	2	7	8	6	1	5	4
9	7	3	6	5	2	4	1	8
6	2	1	9	4	8	5	3	7
5	4	8	1	3	7	9	2	6
8	3	5	2	6	4	7	9	1
2	1	4	3	7	9	8	6	5
7	6	9	8	1	5	2	4	3

40

7	5	9	8	3	4	2	6	1
8	4	3	1	2	6	9	5	7
1	6	2	9	7	5	8	4	3
2	9	4	3	1	8	6	7	5
6	8	1	7	5	2	3	9	4
5	3	7	6	4	9	1	2	8
4	1	6	5	9	3	7	8	2
9	7	5	2	8	1	4	3	6
3	2	8	4	6	7	5	1	9

41

2	**1**	6	7	**4**	**3**	**5**	**9**	8
7	3	8	**2**	**9**	5	6	**4**	1
4	**5**	9	8	6	1	3	2	**7**
3	**9**	7	4	8	6	1	5	**2**
5	4	2	9	**1**	7	8	3	**6**
8	6	1	3	5	2	4	**7**	9
6	7	3	5	2	8	9	**1**	4
1	**2**	4	6	**3**	**9**	7	8	5
9	**8**	**5**	**1**	**7**	4	2	**6**	3

42

7	9	6	3	5	4	8	2	1
4	2	8	6	1	9	7	5	3
1	5	3	8	7	2	9	4	6
5	8	4	1	6	7	3	9	2
9	6	2	4	8	3	1	7	5
3	1	7	9	2	5	4	6	8
6	4	5	7	3	8	2	1	9
2	3	9	5	4	1	6	8	7
8	7	1	2	9	6	5	3	4

7	5	3	6	4	1	8	9	2
1	4	6	8	2	9	3	7	5
8	2	9	3	5	7	6	4	1
4	3	2	5	1	6	7	8	9
9	1	8	7	3	4	5	2	6
6	7	5	9	8	2	4	1	3
3	9	4	2	6	8	1	5	7
2	6	1	4	7	5	9	3	8
5	8	7	1	9	3	2	6	4

1	8	5	3	9	2	6	7	4
4	6	3	5	7	1	2	8	9
7	9	2	6	8	4	5	1	3
9	4	7	2	3	5	8	6	1
6	3	1	7	4	8	9	5	2
5	2	8	1	6	9	3	4	7
8	1	9	4	2	6	7	3	5
2	7	4	8	5	3	1	9	6
3	5	6	9	1	7	4	2	8

45

8	3	4	6	1	9	7	5	2
6	1	2	8	5	7	9	4	3
5	9	7	2	3	4	1	6	8
7	2	6	1	8	5	4	3	9
4	5	9	7	2	3	8	1	6
3	8	1	4	9	6	2	7	5
2	4	5	3	7	8	6	9	1
1	7	3	9	6	2	5	8	4
9	6	8	5	4	1	3	2	7

46

5	9	3	4	1	8	6	7	2
1	4	8	7	2	6	3	9	5
6	2	7	5	3	9	4	8	1
8	1	2	6	7	3	9	5	4
3	6	9	1	4	5	8	2	7
4	7	5	9	8	2	1	3	6
7	3	4	2	9	1	5	6	8
2	8	6	3	5	4	7	1	9
9	5	1	8	6	7	2	4	3

47

2	4	6	5	3	8	9	7	1
9	3	8	4	7	1	2	5	6
7	5	1	6	2	9	4	3	8
5	8	2	1	4	3	7	6	9
1	7	3	2	9	6	8	4	5
4	6	9	7	8	5	3	1	2
3	1	7	8	5	2	6	9	4
6	2	4	9	1	7	5	8	3
8	9	5	3	6	4	1	2	7

48

5	4	6	3	8	7	1	9	2
8	1	7	6	9	2	3	5	4
9	2	3	4	1	5	8	7	6
1	7	8	9	5	4	2	6	3
3	6	2	8	7	1	9	4	5
4	5	9	2	3	6	7	1	8
7	8	4	1	6	3	5	2	9
6	3	5	7	2	9	4	8	1
2	9	1	5	4	8	6	3	7

49

7	2	8	3	6	9	4	5	1
4	3	6	1	7	5	8	9	2
9	1	5	4	2	8	6	3	7
6	5	2	9	1	7	3	4	8
3	7	9	8	4	2	5	1	6
8	4	1	5	3	6	7	2	9
1	9	7	6	5	4	2	8	3
2	8	4	7	9	3	1	6	5
5	6	3	2	8	1	9	7	4

50

1	3	4	2	8	9	6	5	7
2	5	6	1	4	7	9	3	8
7	8	9	5	6	3	1	2	4
8	1	3	7	9	5	2	4	6
6	2	7	8	3	4	5	9	1
4	9	5	6	1	2	7	8	3
5	6	1	4	2	8	3	7	9
9	4	2	3	7	1	8	6	5
3	7	8	9	5	6	4	1	2

51

3	5	2	8	9	1	4	6	7
8	9	4	5	7	6	2	1	3
1	7	6	4	3	2	5	9	8
5	2	7	9	4	3	1	8	6
9	8	1	7	6	5	3	4	2
6	4	3	1	2	8	7	5	9
7	1	5	3	8	9	6	2	4
4	6	9	2	1	7	8	3	5
2	3	8	6	5	4	9	7	1

52

3	9	1	8	6	5	4	2	7
6	8	5	4	2	7	3	9	1
2	7	4	9	1	3	8	5	6
9	3	6	1	7	4	5	8	2
1	4	8	6	5	2	7	3	9
5	2	7	3	9	8	1	6	4
7	5	3	2	4	6	9	1	8
8	6	9	7	3	1	2	4	5
4	1	2	5	8	9	6	7	3

53

1	9	6	3	7	5	2	8	4
2	4	7	8	1	6	9	5	3
3	8	5	2	4	9	7	6	1
6	3	9	1	8	7	5	4	2
4	1	8	5	6	2	3	7	9
5	7	2	9	3	4	8	1	6
8	5	1	4	2	3	6	9	7
9	6	3	7	5	1	4	2	8
7	2	4	6	9	8	1	3	5

54

9	5	4	6	7	2	1	8	3
2	1	8	3	5	9	7	4	6
6	3	7	4	1	8	2	5	9
1	6	9	7	2	4	8	3	5
8	2	5	9	3	1	6	7	4
4	7	3	8	6	5	9	1	2
7	9	2	1	4	3	5	6	8
3	8	6	5	9	7	4	2	1
5	4	1	2	8	6	3	9	7

55

4	6	2	5	9	8	1	3	7
8	5	1	2	7	3	4	9	6
7	9	3	6	4	1	8	5	2
3	2	6	1	5	7	9	4	8
9	8	7	4	3	2	6	1	5
1	4	5	8	6	9	7	2	3
2	7	9	3	8	4	5	6	1
6	1	8	9	2	5	3	7	4
5	3	4	7	1	6	2	8	9

56

8	7	1	6	9	3	5	4	2
4	6	2	5	8	1	9	3	7
9	3	5	7	2	4	8	6	1
7	4	3	1	5	6	2	8	9
6	1	9	2	7	8	4	5	3
5	2	8	4	3	9	1	7	6
3	5	6	8	1	2	7	9	4
2	9	7	3	4	5	6	1	8
1	8	4	9	6	7	3	2	5

Su Doku

7	8	5	9	2	1	6	4	3
2	6	1	8	4	3	9	7	5
9	4	3	5	6	7	2	1	8
3	9	2	7	5	6	4	8	1
4	1	6	2	3	8	5	9	7
8	5	7	1	9	4	3	6	2
5	7	9	6	1	2	8	3	4
6	3	8	4	7	5	1	2	9
1	2	4	3	8	9	7	5	6

7	9	3	1	4	5	2	8	6
1	4	6	7	8	2	5	9	3
8	2	5	6	9	3	1	4	7
9	8	4	2	6	1	3	7	5
2	5	7	4	3	9	8	6	1
6	3	1	5	7	8	9	2	4
5	6	8	3	2	4	7	1	9
4	1	2	9	5	7	6	3	8
3	7	9	8	1	6	4	5	2

3	1	7	4	9	2	5	6	8
9	2	6	5	3	8	4	1	7
5	8	4	6	7	1	9	2	3
4	5	9	3	2	7	1	8	6
6	3	8	1	5	9	7	4	2
2	7	1	8	4	6	3	5	9
1	9	2	7	6	4	8	3	5
8	6	3	9	1	5	2	7	4
7	4	5	2	8	3	6	9	1

4	8	2	3	5	7	6	9	1
3	7	1	6	4	9	2	8	5
6	9	5	1	2	8	4	7	3
5	3	4	9	1	6	7	2	8
1	2	8	5	7	4	9	3	6
9	6	7	8	3	2	1	5	4
8	5	9	7	6	1	3	4	2
2	1	3	4	9	5	8	6	7
7	4	6	2	8	3	5	1	9

Su Doku

61

5	6	7	9	8	2	3	4	1
3	2	8	5	4	1	9	6	7
4	9	1	6	3	7	2	5	8
1	4	2	8	7	3	6	9	5
6	8	3	4	9	5	1	7	2
7	5	9	2	1	6	4	8	3
8	1	6	7	2	4	5	3	9
9	3	4	1	5	8	7	2	6
2	7	5	3	6	9	8	1	4

62

4	7	6	5	8	1	9	3	2
8	2	9	4	3	6	1	5	7
3	1	5	2	9	7	8	6	4
7	6	4	9	1	2	5	8	3
2	3	8	6	5	4	7	9	1
5	9	1	8	7	3	4	2	6
1	5	2	7	6	8	3	4	9
6	8	7	3	4	9	2	1	5
9	4	3	1	2	5	6	7	8

5	8	6	3	1	7	4	2	9
2	4	3	6	5	9	1	7	8
9	1	7	4	2	8	5	3	6
8	3	1	7	9	6	2	4	5
7	2	5	1	8	4	6	9	3
6	9	4	2	3	5	7	8	1
4	5	8	9	6	2	3	1	7
1	6	2	8	7	3	9	5	4
3	7	9	5	4	1	8	6	2

8	3	1	6	4	2	7	5	9
9	7	2	3	5	8	1	6	4
5	6	4	1	9	7	3	2	8
7	9	8	4	6	1	5	3	2
1	5	3	8	2	9	4	7	6
4	2	6	5	7	3	8	9	1
6	1	7	9	8	5	2	4	3
3	4	5	2	1	6	9	8	7
2	8	9	7	3	4	6	1	5

65

4	8	6	9	1	7	3	2	5
1	5	9	6	3	2	7	4	8
3	2	7	8	4	5	9	1	6
2	6	8	7	5	1	4	3	9
9	7	4	3	2	6	8	5	1
5	1	3	4	8	9	2	6	7
8	4	5	1	9	3	6	7	2
6	9	2	5	7	4	1	8	3
7	3	1	2	6	8	5	9	4

66

4	7	6	8	9	5	3	2	1
2	3	9	4	1	6	7	5	8
5	8	1	7	2	3	4	6	9
3	9	2	6	8	7	1	4	5
1	4	8	2	5	9	6	3	7
7	6	5	3	4	1	8	9	2
9	5	3	1	6	8	2	7	4
6	1	4	9	7	2	5	8	3
8	2	7	5	3	4	9	1	6

67

8	3	9	4	5	6	2	1	7
5	7	1	9	3	2	4	6	8
4	2	6	1	8	7	3	5	9
2	8	3	5	4	1	9	7	6
6	4	5	8	7	9	1	3	2
1	9	7	2	6	3	5	8	4
9	6	8	3	1	4	7	2	5
3	5	2	7	9	8	6	4	1
7	1	4	6	2	5	8	9	3

68

1	9	6	7	3	5	4	8	2
4	2	8	6	1	9	7	3	5
7	3	5	2	8	4	1	6	9
6	8	2	4	5	3	9	7	1
3	5	1	9	2	7	6	4	8
9	4	7	8	6	1	2	5	3
8	1	4	5	7	2	3	9	6
5	7	3	1	9	6	8	2	4
2	6	9	3	4	8	5	1	7

Su Doku

3	7	9	1	2	6	5	4	8
2	8	6	3	5	4	1	7	9
1	4	5	8	7	9	6	2	3
6	3	7	9	4	2	8	5	1
8	2	1	5	6	3	4	9	7
9	5	4	7	8	1	2	3	6
5	6	8	4	3	7	9	1	2
4	1	3	2	9	8	7	6	5
7	9	2	6	1	5	3	8	4

3	1	7	2	4	9	5	8	6
6	4	9	8	3	5	7	2	1
5	8	2	1	7	6	4	3	9
7	3	4	9	2	8	1	6	5
9	5	1	4	6	3	8	7	2
8	2	6	5	1	7	3	9	4
2	9	5	3	8	4	6	1	7
1	7	8	6	5	2	9	4	3
4	6	3	7	9	1	2	5	8

71

7	2	9	3	6	4	5	1	8
6	4	3	5	1	8	2	9	7
1	5	8	2	7	9	6	4	3
3	9	5	4	8	1	7	2	6
4	8	7	6	3	2	1	5	9
2	1	6	9	5	7	3	8	4
5	7	2	8	4	6	9	3	1
8	3	1	7	9	5	4	6	2
9	6	4	1	2	3	8	7	5

72

8	9	5	4	6	1	2	7	3
7	2	6	5	3	9	4	8	1
1	3	4	8	2	7	6	5	9
5	8	7	6	9	4	1	3	2
9	4	1	2	8	3	7	6	5
2	6	3	1	7	5	9	4	8
6	5	2	7	1	8	3	9	4
4	7	9	3	5	2	8	1	6
3	1	8	9	4	6	5	2	7

5	7	2	3	6	9	8	4	1
9	6	8	7	1	4	3	5	2
1	4	3	8	5	2	9	6	7
7	3	4	6	2	5	1	9	8
8	5	9	1	7	3	6	2	4
2	1	6	4	9	8	7	3	5
4	2	7	9	8	6	5	1	3
6	8	5	2	3	1	4	7	9
3	9	1	5	4	7	2	8	6

2	9	1	4	3	7	6	8	5
5	8	7	9	1	6	4	3	2
6	3	4	5	8	2	9	7	1
1	7	8	3	2	4	5	6	9
4	5	6	1	9	8	7	2	3
9	2	3	7	6	5	1	4	8
7	4	2	8	5	1	3	9	6
3	6	5	2	4	9	8	1	7
8	1	9	6	7	3	2	5	4

7	9	8	5	1	6	3	4	2
3	1	5	4	8	2	6	9	7
2	6	4	3	9	7	5	1	8
5	2	9	8	4	3	1	7	6
6	3	1	2	7	5	9	8	4
8	4	7	9	6	1	2	5	3
1	7	3	6	5	8	4	2	9
9	8	6	1	2	4	7	3	5
4	5	2	7	3	9	8	6	1

4	3	9	6	8	7	1	5	2
5	2	8	1	9	4	7	6	3
6	1	7	3	2	5	8	9	4
3	9	4	8	1	6	2	7	5
2	6	5	7	3	9	4	1	8
8	7	1	4	5	2	9	3	6
7	4	3	2	6	1	5	8	9
9	8	2	5	7	3	6	4	1
1	5	6	9	4	8	3	2	7

77

7	9	2	5	8	4	6	1	3
8	4	1	3	2	6	5	7	9
5	3	6	7	1	9	4	2	8
9	1	3	2	6	5	7	8	4
6	8	4	9	3	7	2	5	1
2	7	5	8	4	1	9	3	6
1	2	7	6	9	8	3	4	5
4	5	9	1	7	3	8	6	2
3	6	8	4	5	2	1	9	7

78

4	1	9	5	7	2	3	6	8
2	7	3	8	1	6	5	9	4
8	6	5	4	9	3	1	7	2
7	4	6	1	3	8	9	2	5
5	3	1	2	4	9	7	8	6
9	8	2	6	5	7	4	1	3
6	9	4	3	8	1	2	5	7
1	5	8	7	2	4	6	3	9
3	2	7	9	6	5	8	4	1

79

8	6	9	4	7	2	1	5	3
5	3	2	9	6	1	4	7	8
7	4	1	5	8	3	9	2	6
9	7	5	8	4	6	2	3	1
6	2	4	3	1	5	8	9	7
3	1	8	2	9	7	5	6	4
4	5	7	6	2	8	3	1	9
1	9	3	7	5	4	6	8	2
2	8	6	1	3	9	7	4	5

80

8	3	2	6	7	1	4	5	9
7	9	6	4	8	5	1	3	2
5	4	1	3	2	9	6	8	7
3	1	5	9	6	2	8	7	4
4	7	8	5	1	3	2	9	6
6	2	9	7	4	8	5	1	3
1	8	4	2	3	7	9	6	5
9	6	3	8	5	4	7	2	1
2	5	7	1	9	6	3	4	8

Su Doku

81

3	5	9	1	2	4	7	6	8
4	8	1	7	6	5	9	2	3
7	6	2	8	3	9	4	1	5
2	3	5	9	7	1	6	8	4
6	9	8	5	4	2	3	7	1
1	7	4	3	8	6	5	9	2
9	1	6	4	5	8	2	3	7
5	2	3	6	1	7	8	4	9
8	4	7	2	9	3	1	5	6

82

4	7	6	8	9	1	5	2	3
2	8	5	6	3	4	1	7	9
9	3	1	7	2	5	8	4	6
6	5	2	4	7	3	9	1	8
1	4	8	5	6	9	2	3	7
7	9	3	1	8	2	6	5	4
8	6	4	2	5	7	3	9	1
5	1	9	3	4	6	7	8	2
3	2	7	9	1	8	4	6	5

83

7	3	1	9	2	5	6	8	4
8	9	5	3	4	6	2	1	7
4	2	6	1	7	8	5	3	9
3	4	9	5	1	7	8	2	6
5	8	7	6	3	2	9	4	1
1	6	2	4	8	9	3	7	5
2	5	3	7	6	4	1	9	8
9	7	8	2	5	1	4	6	3
6	1	4	8	9	3	7	5	2

84

6	2	1	5	8	9	4	3	7
7	5	4	2	1	3	8	9	6
9	3	8	4	7	6	5	2	1
4	6	2	7	9	1	3	5	8
8	1	9	3	4	5	6	7	2
5	7	3	6	2	8	9	1	4
3	9	7	8	6	2	1	4	5
2	8	5	1	3	4	7	6	9
1	4	6	9	5	7	2	8	3

3	1	8	2	4	5	6	9	7
2	5	6	9	1	7	4	8	3
7	4	9	8	3	6	2	5	1
8	2	3	4	5	9	7	1	6
5	6	1	7	2	8	9	3	4
4	9	7	1	6	3	8	2	5
9	3	2	5	7	4	1	6	8
6	8	4	3	9	1	5	7	2
1	7	5	6	8	2	3	4	9

4	8	2	6	1	3	7	9	5
7	9	3	4	2	5	1	6	8
6	5	1	9	8	7	4	3	2
2	7	8	5	4	9	3	1	6
5	6	9	1	3	8	2	4	7
1	3	4	2	7	6	5	8	9
3	2	7	8	6	4	9	5	1
9	1	6	3	5	2	8	7	4
8	4	5	7	9	1	6	2	3

2	6	3	8	7	9	5	1	4
4	8	9	3	5	1	7	2	6
5	1	7	6	4	2	8	9	3
1	2	4	5	3	7	9	6	8
6	7	8	9	2	4	1	3	5
9	3	5	1	6	8	4	7	2
3	4	6	7	1	5	2	8	9
7	9	2	4	8	6	3	5	1
8	5	1	2	9	3	6	4	7

7	3	5	4	2	6	1	8	9
1	4	8	5	7	9	6	3	2
9	6	2	3	8	1	5	4	7
3	7	9	6	1	4	8	2	5
8	2	6	7	3	5	4	9	1
5	1	4	2	9	8	3	7	6
4	8	1	9	6	7	2	5	3
6	9	3	8	5	2	7	1	4
2	5	7	1	4	3	9	6	8

89

3	**7**	5	**1**	8	**6**	2	9	**4**
4	2	1	7	**3**	9	**6**	8	5
9	8	**6**	**2**	4	5	3	7	1
7	**4**	**9**	8	2	3	5	**1**	6
8	**6**	2	5	1	4	9	**3**	7
1	**5**	3	6	9	7	**4**	**2**	8
6	3	7	9	5	**8**	**1**	4	2
5	1	**4**	3	**7**	2	8	6	**9**
2	9	8	**4**	6	**1**	7	**5**	3

90

4	2	6	1	9	**7**	5	8	**3**
3	7	5	8	**6**	4	2	9	1
9	**1**	8	3	**2**	5	7	6	4
1	6	**9**	2	7	3	8	4	**5**
5	**4**	**7**	6	8	1	**3**	**2**	9
2	8	3	4	5	9	**1**	7	6
7	3	1	9	**4**	2	**6**	**5**	8
8	5	4	7	**1**	6	9	3	**2**
6	9	**2**	**5**	3	8	4	1	**7**

4	7	6	8	1	2	3	9	5
1	9	3	5	6	4	2	7	8
5	2	8	3	7	9	4	6	1
7	1	2	4	9	3	8	5	6
6	5	4	1	2	8	7	3	9
3	8	9	6	5	7	1	2	4
9	4	5	7	3	1	6	8	2
8	6	7	2	4	5	9	1	3
2	3	1	9	8	6	5	4	7

7	6	3	4	8	9	1	2	5
2	8	1	3	5	7	6	4	9
4	5	9	1	2	6	3	7	8
9	4	7	6	3	2	8	5	1
8	3	2	7	1	5	9	6	4
5	1	6	9	4	8	7	3	2
1	9	5	2	6	3	4	8	7
3	2	4	8	7	1	5	9	6
6	7	8	5	9	4	2	1	3

7	**1**	**9**	**5**	2	**4**	8	6	3
8	2	**4**	1	6	3	5	9	**7**
3	5	6	9	8	**7**	1	**2**	**4**
9	7	**5**	6	**3**	1	2	4	**8**
6	3	1	**8**	4	**2**	7	5	9
4	8	2	7	**9**	5	**3**	1	**6**
1	**6**	8	**2**	7	9	4	3	5
5	9	3	4	1	8	**6**	7	2
2	4	7	**3**	5	**6**	**9**	**8**	1

7	4	8	6	2	5	9	1	**3**
3	**6**	**2**	8	**1**	9	**5**	**4**	7
9	1	5	**4**	3	**7**	6	8	2
2	7	**3**	**5**	9	**4**	**8**	6	**1**
8	9	6	1	**7**	2	4	3	5
1	5	**4**	**3**	8	**6**	**2**	7	**9**
4	3	9	**2**	6	**1**	7	5	8
6	**8**	**7**	9	**5**	3	**1**	**2**	4
5	2	1	7	4	8	3	9	**6**

95

1	9	2	7	6	**4**	**5**	**8**	3
7	5	**3**	1	9	8	2	4	**6**
4	6	**8**	3	**2**	5	1	7	9
9	4	1	8	7	**6**	**3**	**2**	5
8	2	5	**9**	**4**	**3**	7	6	**1**
6	**3**	**7**	**2**	5	1	8	9	4
5	8	9	6	**3**	2	**4**	1	**7**
2	7	4	5	1	9	**6**	3	**8**
3	**1**	**6**	**4**	8	7	9	5	2

96

1	**6**	2	**3**	9	8	4	**5**	7
5	4	**9**	**1**	6	7	8	3	**2**
7	8	**3**	**4**	2	5	9	1	**6**
4	**7**	1	8	5	**2**	6	**9**	3
6	3	5	7	4	9	2	8	1
9	**2**	8	**6**	1	3	5	**7**	**4**
8	1	6	9	3	**4**	**7**	2	5
2	9	4	5	7	**1**	**3**	6	**8**
3	**5**	7	2	8	**6**	1	**4**	9

9	3	8	7	1	5	6	4	2
4	5	6	2	3	9	8	1	7
7	2	1	4	6	8	5	3	9
5	8	7	9	2	4	3	6	1
1	4	9	6	7	3	2	5	8
2	6	3	8	5	1	7	9	4
6	9	4	3	8	2	1	7	5
8	7	5	1	9	6	4	2	3
3	1	2	5	4	7	9	8	6

6	9	1	3	4	2	7	5	8
4	2	3	8	7	5	6	1	9
5	8	7	6	1	9	2	4	3
1	4	5	7	6	3	9	8	2
7	3	9	2	8	4	5	6	1
8	6	2	9	5	1	3	7	4
2	1	6	4	9	7	8	3	5
3	7	4	5	2	8	1	9	6
9	5	8	1	3	6	4	2	7

2	6	5	9	3	4	8	1	7
8	7	4	2	1	6	9	3	5
9	3	1	7	8	5	4	6	2
1	9	2	5	6	7	3	4	8
7	4	3	1	9	8	2	5	6
6	5	8	4	2	3	1	7	9
3	2	7	6	4	9	5	8	1
5	8	9	3	7	1	6	2	4
4	1	6	8	5	2	7	9	3

7	8	6	3	4	5	2	1	9
9	1	5	6	8	2	4	7	3
2	3	4	9	1	7	8	5	6
8	2	9	4	3	1	5	6	7
4	5	1	7	9	6	3	8	2
3	6	7	2	5	8	9	4	1
5	4	2	1	6	3	7	9	8
6	9	3	8	7	4	1	2	5
1	7	8	5	2	9	6	3	4

6	7	5	8	1	2	9	3	4
1	9	2	7	4	3	6	8	5
8	4	3	9	6	5	1	7	2
5	3	4	1	9	7	8	2	6
2	6	1	4	3	8	7	5	9
9	8	7	5	2	6	4	1	3
7	2	9	6	5	1	3	4	8
3	1	6	2	8	4	5	9	7
4	5	8	3	7	9	2	6	1

2	9	7	8	5	6	3	1	4
8	5	1	4	2	3	7	6	9
6	4	3	7	9	1	2	8	5
1	2	4	3	8	9	6	5	7
3	6	9	5	1	7	8	4	2
7	8	5	6	4	2	9	3	1
9	7	8	1	6	5	4	2	3
4	1	2	9	3	8	5	7	6
5	3	6	2	7	4	1	9	8

2	8	9	7	1	5	3	6	4
6	3	7	2	4	9	5	8	1
4	1	5	8	6	3	2	7	9
5	6	2	4	7	1	9	3	8
7	4	8	3	9	2	1	5	6
1	9	3	6	5	8	4	2	7
3	5	1	9	8	6	7	4	2
9	7	6	5	2	4	8	1	3
8	2	4	1	3	7	6	9	5

6	9	2	5	4	8	1	3	7
5	4	1	2	7	3	8	9	6
7	8	3	9	1	6	5	2	4
8	6	4	3	2	5	9	7	1
9	1	5	4	6	7	2	8	3
2	3	7	1	8	9	6	4	5
1	2	6	8	3	4	7	5	9
4	7	9	6	5	2	3	1	8
3	5	8	7	9	1	4	6	2

105

2	1	3	8	6	5	9	4	7
8	4	7	3	2	9	1	5	6
5	6	9	4	7	1	2	3	8
7	8	2	5	3	6	4	1	9
6	9	1	7	4	2	5	8	3
3	5	4	1	9	8	7	6	2
1	3	5	9	8	7	6	2	4
4	7	6	2	1	3	8	9	5
9	2	8	6	5	4	3	7	1

106

3	2	9	7	8	4	1	5	6
7	8	1	5	9	6	2	4	3
6	4	5	2	1	3	8	9	7
2	7	3	1	5	9	6	8	4
8	9	6	3	4	2	5	7	1
1	5	4	6	7	8	9	3	2
9	3	2	4	6	5	7	1	8
5	6	7	8	3	1	4	2	9
4	1	8	9	2	7	3	6	5

8	1	9	6	5	3	4	7	2
2	7	6	1	9	4	3	8	5
4	3	5	2	7	8	9	6	1
1	8	7	3	6	5	2	9	4
3	9	4	7	1	2	8	5	6
6	5	2	4	8	9	7	1	3
9	6	3	8	2	1	5	4	7
7	4	8	5	3	6	1	2	9
5	2	1	9	4	7	6	3	8

6	3	5	8	1	4	7	2	9
9	8	1	5	2	7	4	6	3
7	2	4	6	3	9	8	1	5
5	9	2	3	4	6	1	7	8
1	6	3	7	9	8	5	4	2
4	7	8	1	5	2	3	9	6
3	1	9	4	6	5	2	8	7
2	4	7	9	8	3	6	5	1
8	5	6	2	7	1	9	3	4

5	3	7	9	8	4	1	2	6
6	8	2	7	1	3	9	5	4
4	9	1	2	5	6	8	3	7
1	7	4	6	2	8	3	9	5
8	6	3	4	9	5	2	7	1
9	2	5	1	3	7	6	4	8
2	4	8	3	7	1	5	6	9
7	1	9	5	6	2	4	8	3
3	5	6	8	4	9	7	1	2

1	6	5	8	9	3	2	7	4
9	7	3	4	6	2	8	5	1
8	2	4	7	5	1	9	3	6
2	9	7	1	4	8	3	6	5
3	5	1	9	7	6	4	2	8
6	4	8	2	3	5	1	9	7
4	3	2	6	1	7	5	8	9
7	8	9	5	2	4	6	1	3
5	1	6	3	8	9	7	4	2

111

7	8	3	6	1	4	2	5	9
1	2	6	8	5	9	4	3	7
5	9	4	3	7	2	1	8	6
2	4	5	9	3	8	6	7	1
6	3	7	1	2	5	8	9	4
8	1	9	7	4	6	5	2	3
4	6	8	5	9	3	7	1	2
3	5	1	2	6	7	9	4	8
9	7	2	4	8	1	3	6	5

112

6	3	9	1	7	4	8	2	5
7	2	1	6	8	5	4	3	9
8	4	5	3	2	9	1	6	7
1	7	8	5	3	6	9	4	2
5	9	2	4	1	7	3	8	6
4	6	3	8	9	2	7	5	1
9	5	4	7	6	8	2	1	3
3	8	7	2	5	1	6	9	4
2	1	6	9	4	3	5	7	8

113

5	1	7	**3**	9	**4**	**6**	8	2
9	**2**	3	6	**5**	8	4	**7**	1
8	4	6	7	**1**	**2**	9	5	3
7	3	**9**	8	2	**6**	1	4	**5**
6	**5**	**4**	1	7	3	**2**	**9**	8
1	8	2	**9**	4	**5**	**3**	6	**7**
4	6	1	**5**	**3**	7	8	2	**9**
3	**7**	8	2	**6**	9	5	**1**	4
2	9	**5**	**4**	8	**1**	7	3	6

114

1	9	8	5	**6**	2	7	3	**4**
7	6	**3**	1	9	4	2	5	**8**
2	5	4	**8**	**7**	3	9	**6**	**1**
4	8	6	**9**	1	5	**3**	7	**2**
3	**7**	1	2	4	6	8	**9**	5
5	2	**9**	7	3	**8**	1	4	6
8	**4**	2	3	**5**	**7**	6	1	9
6	1	7	4	8	9	**5**	2	3
9	3	5	6	**2**	1	4	8	**7**

4	2	8	6	9	5	7	1	3
6	3	7	2	1	4	9	5	8
9	1	5	3	7	8	2	6	4
1	9	3	5	8	7	4	2	6
8	5	2	4	3	6	1	9	7
7	6	4	1	2	9	8	3	5
5	7	6	9	4	2	3	8	1
2	4	1	8	5	3	6	7	9
3	8	9	7	6	1	5	4	2

7	9	3	1	6	4	8	2	5
1	2	4	8	3	5	9	6	7
5	8	6	9	7	2	3	4	1
9	6	5	2	1	8	7	3	4
4	7	2	5	9	3	1	8	6
3	1	8	6	4	7	5	9	2
8	4	9	7	5	6	2	1	3
6	5	1	3	2	9	4	7	8
2	3	7	4	8	1	6	5	9

117

6	4	1	5	7	9	2	3	8
3	5	7	4	8	2	9	6	1
9	2	8	6	1	3	7	5	4
5	3	9	7	6	1	4	8	2
8	7	2	9	5	4	6	1	3
4	1	6	3	2	8	5	9	7
7	9	4	8	3	6	1	2	5
1	6	3	2	4	5	8	7	9
2	8	5	1	9	7	3	4	6

118

9	8	3	4	5	6	2	7	1
5	6	1	8	7	2	9	4	3
2	4	7	9	1	3	5	6	8
6	9	8	3	2	4	1	5	7
7	5	4	1	9	8	3	2	6
3	1	2	5	6	7	4	8	9
1	7	9	6	4	5	8	3	2
8	2	5	7	3	1	6	9	4
4	3	6	2	8	9	7	1	5

119

5	4	6	3	7	2	9	1	8
1	2	8	4	5	9	7	3	6
9	7	3	8	6	1	2	5	4
4	1	5	2	3	6	8	7	9
7	6	9	5	4	8	3	2	1
8	3	2	1	9	7	4	6	5
6	5	7	9	8	3	1	4	2
2	9	4	7	1	5	6	8	3
3	8	1	6	2	4	5	9	7

120

8	3	9	1	4	5	7	6	2
5	1	6	7	9	2	8	4	3
2	7	4	8	3	6	1	5	9
3	4	8	5	2	1	9	7	6
6	5	2	4	7	9	3	1	8
7	9	1	6	8	3	5	2	4
4	2	5	9	1	8	6	3	7
9	6	3	2	5	7	4	8	1
1	8	7	3	6	4	2	9	5

Su Doku

121

1	5	2	7	6	4	9	8	3
7	6	4	9	8	3	2	1	5
9	3	8	1	5	2	4	6	7
6	8	5	2	7	1	3	4	9
4	9	7	6	3	8	5	2	1
2	1	3	5	4	9	8	7	6
3	2	9	4	1	7	6	5	8
5	4	1	8	9	6	7	3	2
8	7	6	3	2	5	1	9	4

122

4	2	3	9	8	6	1	5	7
1	5	8	4	2	7	6	3	9
6	7	9	3	1	5	8	4	2
9	3	5	8	6	1	2	7	4
7	6	1	2	3	4	9	8	5
2	8	4	5	7	9	3	6	1
3	9	7	6	5	2	4	1	8
8	1	2	7	4	3	5	9	6
5	4	6	1	9	8	7	2	3

123

9	1	4	6	5	2	8	7	3
8	6	2	1	3	7	5	9	4
3	5	7	4	8	9	1	6	2
7	9	3	2	4	1	6	8	5
6	8	5	7	9	3	4	2	1
4	2	1	5	6	8	9	3	7
2	4	6	8	7	5	3	1	9
5	7	9	3	1	6	2	4	8
1	3	8	9	2	4	7	5	6

124

2	1	4	5	9	6	7	3	8
5	7	8	4	1	3	6	9	2
3	9	6	2	7	8	4	5	1
4	8	2	7	3	1	5	6	9
7	6	5	9	8	4	1	2	3
9	3	1	6	2	5	8	7	4
6	5	3	8	4	2	9	1	7
8	2	7	1	5	9	3	4	6
1	4	9	3	6	7	2	8	5

125

4	3	9	1	8	6	**2**	7	**5**
8	**7**	**2**	5	**9**	3	6	4	1
5	1	6	**2**	**4**	7	**9**	8	3
9	**5**	4	**3**	**2**	1	**8**	6	7
7	8	**3**	6	5	4	**1**	9	2
2	6	**1**	9	**7**	**8**	3	**5**	**4**
1	4	**8**	7	**6**	**2**	5	3	9
3	9	7	8	**1**	5	**4**	**2**	6
6	2	**5**	4	3	9	7	1	8

126

1	3	9	8	**7**	4	6	**2**	**5**
2	6	5	**3**	**9**	1	**7**	8	4
8	**4**	7	2	6	5	1	3	9
7	**9**	4	1	3	2	**8**	5	6
6	1	2	**5**	8	**9**	3	4	**7**
5	8	**3**	7	4	6	9	**1**	**2**
9	2	8	4	1	7	5	**6**	3
4	7	**1**	6	**5**	**3**	2	9	8
3	**5**	6	9	**2**	8	4	7	**1**

1	8	2	4	9	7	5	3	6
9	4	7	5	3	6	1	8	2
3	5	6	2	1	8	7	4	9
6	1	5	7	8	9	3	2	4
7	3	9	1	2	4	8	6	5
8	2	4	3	6	5	9	7	1
2	9	1	8	4	3	6	5	7
5	6	3	9	7	2	4	1	8
4	7	8	6	5	1	2	9	3

8	7	1	2	4	5	6	3	9
9	4	5	1	6	3	8	2	7
6	2	3	9	7	8	4	1	5
3	5	6	7	8	4	2	9	1
4	1	2	3	5	9	7	6	8
7	8	9	6	2	1	5	4	3
5	9	8	4	3	2	1	7	6
1	6	4	8	9	7	3	5	2
2	3	7	5	1	6	9	8	4

3	7	6	9	8	2	5	4	1
9	8	4	5	6	1	7	3	2
5	1	2	3	7	4	8	6	9
1	2	7	6	5	8	3	9	4
8	4	3	1	2	9	6	5	7
6	5	9	7	4	3	2	1	8
4	3	5	8	1	7	9	2	6
7	6	1	2	9	5	4	8	3
2	9	8	4	3	6	1	7	5

6	4	9	8	7	2	1	5	3
3	2	8	5	6	1	9	4	7
7	1	5	3	4	9	2	6	8
8	7	2	4	1	5	6	3	9
4	6	3	7	9	8	5	1	2
5	9	1	6	2	3	7	8	4
9	5	7	1	3	4	8	2	6
2	8	4	9	5	6	3	7	1
1	3	6	2	8	7	4	9	5

131

8	6	1	3	2	9	5	4	7
5	3	4	7	1	8	9	6	2
7	9	2	5	4	6	1	3	8
2	5	8	1	7	3	6	9	4
3	7	6	9	8	4	2	1	5
4	1	9	2	6	5	8	7	3
1	8	5	4	9	7	3	2	6
9	4	3	6	5	2	7	8	1
6	2	7	8	3	1	4	5	9

132

9	3	7	5	1	2	4	8	6
5	1	6	3	8	4	7	9	2
2	4	8	7	9	6	5	3	1
6	7	3	9	5	8	1	2	4
8	5	2	6	4	1	3	7	9
1	9	4	2	3	7	6	5	8
7	8	1	4	2	3	9	6	5
3	2	5	1	6	9	8	4	7
4	6	9	8	7	5	2	1	3

Su Doku

133

5	3	6	7	8	1	4	2	9
4	8	9	3	2	6	7	5	1
2	1	7	4	9	5	3	8	6
6	4	2	8	3	9	5	1	7
7	9	8	5	1	4	6	3	2
3	5	1	2	6	7	9	4	8
9	6	5	1	4	2	8	7	3
1	7	3	9	5	8	2	6	4
8	2	4	6	7	3	1	9	5

134

9	8	5	1	3	2	4	7	6
6	1	3	8	7	4	2	9	5
4	7	2	6	5	9	1	8	3
3	2	6	7	9	5	8	1	4
7	4	1	3	6	8	5	2	9
8	5	9	4	2	1	3	6	7
2	3	7	5	8	6	9	4	1
5	9	4	2	1	7	6	3	8
1	6	8	9	4	3	7	5	2

135

3	1	9	8	6	2	7	5	4
6	4	7	9	1	5	8	3	2
5	2	8	7	3	4	9	6	1
4	9	3	5	8	1	2	7	6
8	7	6	4	2	3	1	9	5
2	5	1	6	7	9	3	4	8
1	8	5	3	4	7	6	2	9
7	6	4	2	9	8	5	1	3
9	3	2	1	5	6	4	8	7

136

5	6	3	2	8	9	1	7	4
9	7	8	5	4	1	3	2	6
4	2	1	3	7	6	9	8	5
6	1	4	9	5	8	2	3	7
7	9	2	6	1	3	4	5	8
3	8	5	4	2	7	6	1	9
2	4	7	1	6	5	8	9	3
8	3	6	7	9	2	5	4	1
1	5	9	8	3	4	7	6	2

137

9	1	4	6	5	3	7	8	2
8	7	6	2	1	4	5	9	3
2	3	5	9	7	8	1	6	4
6	5	1	7	9	2	4	3	8
7	8	3	4	6	1	9	2	5
4	2	9	8	3	5	6	7	1
3	6	2	5	4	7	8	1	9
5	9	8	1	2	6	3	4	7
1	4	7	3	8	9	2	5	6

138

3	1	2	7	8	9	4	5	6
9	5	6	2	3	4	8	7	1
7	4	8	6	5	1	9	3	2
4	2	3	1	7	5	6	9	8
8	9	5	4	6	3	1	2	7
6	7	1	8	9	2	3	4	5
1	3	9	5	2	6	7	8	4
2	8	4	9	1	7	5	6	3
5	6	7	3	4	8	2	1	9

5	6	8	3	7	9	4	1	2
7	3	9	1	2	4	5	6	8
4	2	1	5	8	6	9	3	7
1	4	7	6	9	8	3	2	5
9	5	2	7	1	3	6	8	4
6	8	3	2	4	5	1	7	9
3	7	4	8	5	1	2	9	6
2	9	6	4	3	7	8	5	1
8	1	5	9	6	2	7	4	3

8	4	5	6	9	2	7	3	1
9	2	1	7	5	3	6	4	8
6	3	7	1	8	4	5	2	9
1	7	3	4	6	5	8	9	2
4	6	8	2	1	9	3	5	7
5	9	2	3	7	8	1	6	4
2	1	6	9	3	7	4	8	5
3	5	9	8	4	1	2	7	6
7	8	4	5	2	6	9	1	3

141

6	2	4	5	8	9	1	3	7
5	1	3	2	7	4	9	8	6
9	8	7	6	1	3	2	5	4
8	7	1	9	2	6	3	4	5
3	5	6	1	4	7	8	9	2
4	9	2	8	3	5	7	6	1
2	4	8	3	6	1	5	7	9
1	6	5	7	9	8	4	2	3
7	3	9	4	5	2	6	1	8

142

8	5	7	3	1	6	2	4	9
6	3	1	4	9	2	7	5	8
2	9	4	7	8	5	3	1	6
7	8	6	2	4	1	5	9	3
4	2	5	6	3	9	1	8	7
9	1	3	8	5	7	6	2	4
1	4	2	9	6	3	8	7	5
5	6	8	1	7	4	9	3	2
3	7	9	5	2	8	4	6	1

143

2	9	4	3	1	5	7	6	8
6	7	1	2	4	8	3	5	9
3	8	5	7	6	9	2	1	4
5	6	2	8	9	1	4	7	3
7	1	3	4	2	6	8	9	5
9	4	8	5	7	3	1	2	6
1	2	9	6	3	4	5	8	7
4	5	7	9	8	2	6	3	1
8	3	6	1	5	7	9	4	2

144

5	1	7	9	8	6	2	3	4
3	8	6	4	5	2	7	9	1
9	4	2	7	3	1	8	6	5
4	9	5	2	6	7	3	1	8
1	6	3	5	4	8	9	2	7
7	2	8	1	9	3	5	4	6
8	7	4	3	1	9	6	5	2
2	5	9	6	7	4	1	8	3
6	3	1	8	2	5	4	7	9

145

7	4	9	2	8	6	3	1	5
6	8	3	7	5	1	4	9	2
5	2	1	4	3	9	7	6	8
8	1	6	3	4	5	9	2	7
3	9	4	6	2	7	5	8	1
2	7	5	9	1	8	6	3	4
4	6	2	1	7	3	8	5	9
9	5	7	8	6	2	1	4	3
1	3	8	5	9	4	2	7	6

146

9	4	2	3	1	7	5	6	8
3	7	1	5	6	8	4	2	9
5	8	6	9	4	2	3	7	1
4	3	8	7	5	6	1	9	2
7	2	9	4	8	1	6	3	5
6	1	5	2	3	9	8	4	7
1	9	4	8	7	3	2	5	6
8	5	7	6	2	4	9	1	3
2	6	3	1	9	5	7	8	4

147

6	7	8	1	2	4	5	3	9
4	5	3	9	7	8	2	6	1
9	1	2	3	6	5	8	4	7
1	3	7	6	5	2	9	8	4
2	8	4	7	9	3	1	5	6
5	6	9	8	4	1	3	7	2
7	2	5	4	8	9	6	1	3
8	4	1	2	3	6	7	9	5
3	9	6	5	1	7	4	2	8

148

3	2	9	7	8	4	6	5	1
8	1	5	9	3	6	4	7	2
6	7	4	1	5	2	8	3	9
4	6	8	5	7	9	1	2	3
9	3	1	6	2	8	5	4	7
2	5	7	3	4	1	9	6	8
7	9	2	8	6	5	3	1	4
1	4	6	2	9	3	7	8	5
5	8	3	4	1	7	2	9	6

149

5	9	3	7	8	6	1	2	4
4	6	2	9	5	1	7	3	8
1	7	8	4	3	2	6	5	9
9	8	5	2	1	3	4	6	7
6	4	7	8	9	5	3	1	2
3	2	1	6	7	4	8	9	5
7	3	9	1	2	8	5	4	6
2	5	4	3	6	7	9	8	1
8	1	6	5	4	9	2	7	3

150

4	8	7	1	6	2	9	3	5
5	9	2	8	3	7	4	1	6
6	1	3	4	5	9	2	7	8
7	3	4	9	1	8	5	6	2
2	6	8	5	4	3	7	9	1
1	5	9	7	2	6	8	4	3
9	7	1	3	8	5	6	2	4
8	4	6	2	9	1	3	5	7
3	2	5	6	7	4	1	8	9